# RECUEIL
# DES USAGES LOCAUX

**AYANT FORCE DE LOI,**

DANS LE

## DÉPARTEMENT DU RHONE,

Tels qu'ils ont été constatés et vérifiés officiellement,

Publié

Avec l'approbation de S. Exc. le Garde des Sceaux, Ministre de la Justice,

par

## E. BERTHELIN,

Avocat à Troyes,

Membre résidant de la Société académique de l'Aube.

. . . . . Scripta manent

---

**A PARIS,**

Chez MAILLET-SCHMITZ, Libraire, rue Tronchet, 15.

**A LYON,**

Chez BRUN et Cie, Libraires, rue Mercière, 7.

—

**1857.**

# RECUEIL

# DES USAGES LOCAUX

DANS LE

# DÉPARTEMENT DU RHONE.

TROYES. — TYPOGRAPHIE BRUNARD, SUCC<sup>r</sup> DE CARDON.

# RECUEIL
## DES USAGES LOCAUX

**AYANT FORCE DE LOI,**

DANS LE

## DÉPARTEMENT DU RHONE,

Tels qu'ils ont été constatés et vérifiés officiellement,

Publié

Avec l'approbation de S. Exc. le Garde des Sceaux, Ministre de la Justice,

par

## E. BERTHELIN,

Avocat à Troyes,

Membre résidant de la Société académique de l'Aube.

. . . . . . Scripta manent

A PARIS,

Chez MAILLET-SCHMITZ, Libraire, rue Tronchet, 15.

A LYON,

Chez BRUN et Cie, Libraires, rue Mercière, 7.

1857.

# INTRODUCTION.

La pensée du Gouvernement, en prescrivant la recherche et la constatation des *Usages locaux* ayant force de loi dans les différents départements, ressort clairement des circulaires ministérielles de 1844, 1850 et 1855 que nous donnons textuellement en tête de cet ouvrage : — Constater ce qui est ; arriver à une codification si elle est jugée nécessaire.

La réalisation de cette pensée n'est pas atteinte, car les départements n'ont pas encore tous répondu à l'appel du Gouvernement ; puis restera à examiner si l'ensemble des documents, résultant de ces constatations opérées par canton et vérifiées par département, devra donner lieu à la simplification ou même à l'uniformité dans cette législation non écrite qui régit en France l'agriculture, le commerce et les relations les plus usuelles de la vie privée, à l'insu souvent de la plupart des justiciables ; en un mot, si cette collection de constatations officielles doit encore longtemps demeurer comme pierre d'attente d'un remaniement législatif.

En attendant la solution de cette grave question, déjà quelques départements ont considéré ces recherches et ces constatations des *Usages locaux* comme un travail d'une utilité éminemment pratique, qu'il ne fallait pas laisser enfoui dans les archives d'un ministère : quelques publications isolées, peu connues hors des localités qu'elles concernent, ont rendu de véritables services en mettant à la portée de tous, magistrats, fonctionnaires publics, officiers ministériels et justiciables, sous une forme concise, les règles d'une législation latente et pourtant d'une application journalière.

Le nouvel essor imprimé par la circulaire de 1855 aux travaux des commissions cantonales et départementales, chargées de rechercher les *Usages locaux,* a porté ses fruits, et si plusieurs départements n'ont pas encore adressé leurs procès-verbaux, tous sont à l'œuvre, et sous peu cette grande enquête sera complète.

La publicité donnée à ceux de ces précieux documents qui ont paru ne peut qu'encourager les retardataires et servir de guide aux indécis; en tout cas elle procure aux départements qui ont accompli leur mission, l'avantage immédiat et réel de pouvoir mettre en pratique les consciencieuses recherches auxquelles se sont livrés des hommes honorables et spéciaux de chaque localité, mis en œuvre par MM. les Préfets en exécution des circulaires ministérielles.

Quel que soit donc le parti auquel le gouvernement croira devoir s'arrêter lorsqu'il sera en possession de l'ensemble de ces recherches, il y a dès à présent, pour tous les intérêts, satisfaction incontestable à trouver groupés, dans une forme à peu près codifiée, les textes précis d'*Usages,* ayant force de loi, aussi divers que nos cantons et parfois que nos communes.

Souvent MM. les Juges de paix, que le choix du gouvernement, par une tendance qu'expliquent les plus puissantes considérations de fermeté, d'indépendance et d'impartialité, appelle dans un siège éloigné de leurs habitudes et de leurs connaissances juridiques, se trouvent, au lendemain de leur installation, en présence d'intérêts régis par des Usages aussi inconnus au nouveau magistrat que les lois d'un pays étranger ; les justiciables eux-mêmes, dans leur propre localité, sont fort peu au courant d'une foule de règles gouvernant avec la puissance de la loi la vie agricole, la vie industrielle et même la vie urbaine ; quelquefois d'ailleurs, transportés hors de leur département ou seulement de leur canton natal, soit par les vicissitudes de la vie, soit à la suite d'acquisitions ou d'héritages, ils viennent tout-à-coup se heurter à des coutumes légales dont l'ignorance les jette dans des embarras inextricables et dans de fausses démarches.

Telles sont sans doute les considérations qui ont fait accueillir si favorablement la proposition de publier, dès à présent, pour chaque département, les documents officiels résultant des enquêtes ordonnées par les circulaires de 1844, 1850 et 1855.

La pensée de cette grande publication a été suggérée à l'Auteur par sa coopération aux travaux de la Commission centrale instituée dans le département de l'Aube pour la vérification des *Usages locaux*.

Son premier essai était dû au département qui l'a vu naître, auquel l'attachent les affections de toute sa vie. Ses efforts ont trouvé le concours le plus précieux dans l'obligeance de M. Bélurgey de Grandville, préfet de l'Aube, qui a daigné permettre que le Recueil officiel des *Usages locaux* de ce département parût sous ses auspices [1].

---

Troyes, le 18 Octobre 1856.

[1] *A Monsieur BERTHELIN, Avocat à Troyes.*

MONSIEUR,

Je vous remercie d'avoir pensé à placer sous mon patronage le Recueil

L'accueil fait à cette publication par les magistrats, les fonctionnaires publics, les jurisconsultes, les officiers ministériels, et par les grands propriétaires si souvent consultés dans le cercle de leur influence territoriale, semblait justifier une entreprise qui, par son étendue, par la variété des matières colligées, par la diversité des pays qu'elle embrasse, a besoin du concours de tous.

Ce volume, sorti des presses de M. Cardon, imprimeur à Troyes, bien connu dans le monde de la librairie pour la consciencieuse perfection de ses produits typographiques, a été adressé par l'entremise bienveillante de M. le Préfet de l'Aube, *à S. Exc. M. le Garde des Sceaux, ministre de la justice, et à S. Exc. M. le Ministre de l'agriculture, du commerce et des travaux publics,* en recommandant à leur attention la demande que leur soumettait l'Auteur, d'être autorisé à puiser aux documents officiels pour étendre à toute la France et à chaque département une publication analogue. Les réponses suivantes accueillirent cette démarche et couronnèrent ainsi les vœux de l'Auteur, qui se sent heureux de pouvoir renouveler ici l'expression de sa vive gratitude.

---

officiel des usages locaux du département de l'Aube. Ce travail est, je le sais, le fruit de recherches consciencieuses, et forme un recueil qu'il sera toujours précieux de consulter et d'étudier. On y trouvera réunis et rapprochés dans un ordre assez restreint, et bien présentés, les souvenirs des vieilles coutumes de la Champagne.

Je ne puis qu'applaudir, je le répète, à vos efforts et à ceux des hommes honorables de notre département que j'ai été heureux d'appeler à coopérer à une œuvre aussi essentiellement utile.

Recevez, Monsieur, l'assurance de ma considération la plus distinguée,

*Le Préfet de l'Aube,*

Signé : A. BÉLURGEY DE GRANDVILLE.

Ministère de la Justice.

———

Paris, le 19 décembre 1856.

## A *Monsieur le* PRÉFET *de l'Aube.*

MONSIEUR LE PRÉFET,

Je m'empresse de vous accuser réception de l'exemplaire que vous m'avez fait l'honneur de m'adresser, au nom de M. Berthelin, avocat à Troyes, de l'ouvrage publié par ce dernier sur les *Usages locaux* ayant force de loi dans le département de l'Aube.

Je vous serai obligé de vouloir bien le remercier de cet envoi et lui faire connaître en même temps que, désireux d'encourager des travaux dont j'apprécie toute l'utilité pratique, j'ai, selon sa prière, transmis en l'appuyant, à mon collègue M. le Ministre de l'agriculture, du commerce et des travaux publics, sa demande afin de communication des documents déposés à ce ministère, et qui seraient de nature à fournir à M. Berthelin les éléments de publications semblables pour tous les départements.

Recevez, etc.

*Le Garde des Sceaux, Ministre de la justice,*

Signé : ABBATUCCI.

———

Ministère de l'Agriculture, du Commerce & des Travaux publics.

———

**Division de l'Agriculture.**

———

Paris, le 21 janvier 1857.

## A *M.* BERTHELIN, *Avocat à Troyes.*

MONSIEUR,

Vous m'avez adressé plusieurs demandes tendant à obtenir de mon ministère la communication des documents qu'il possède sur les *Usages locaux* des différents départements.

J'ai pris connaissance avec intérêt des diverses propositions présentées par vous dans le but de vous livrer à un travail d'ensemble, de manière à faire une publication qui embrasserait les *Usages locaux de toute la France.*

Je ne puis que rendre toute justice aux vues louables qui vous inspirent le désir d'entreprendre un tel travail, et je vous annonce que je vous accorde volontiers l'autorisation de prendre sans déplacement, dans mes bureaux, communication des nombreux documents qui m'ont été transmis sur la question dont il s'agit.

Vous pourrez, en conséquence, vous présenter muni de la présente lettre à la division de l'agriculture, où les pièces seront mises sur place à votre disposition.

Recevez, etc.

> *Le Ministre de l'agriculture, du commerce et des travaux publics,*
>
> Signé : ROUHER.

Au moment où il présente à la publicité l'un des premiers Recueils sorti des archives du ministère de l'agriculture, du commerce et des travaux publics, l'Auteur s'empresse de saisir cette occasion d'exprimer ses sentiments de reconnaissance pour l'extrême et gracieuse complaisance qu'il a rencontrée à la division de l'agriculture, dans ses rapports avec **M.** de Monny de Mornay et **MM.** les employés sous ses ordres.

De leur côté, ceux de **MM.** les Préfets avec lesquels il a été donné à l'Auteur d'ouvrir de flatteuses relations, ont bien voulu s'intéresser à cette publication en recommandant administrativement à **MM.** les maires de placer dans leurs archives et dans la bibliothèque communale un exemplaire du Recueil spécial à leur département.

Entouré dès son début de tant de bienveillants appuis, cet ouvrage, que son Auteur croit pouvoir qualifier œuvre d'utilité publique, compte sur les encouragements des divers départements auxquels il s'adresse.

Le texte des usages locaux, constatés et vérifiés, ainsi que les procès-verbaux des commissions qui donnent à ces usages l'authenticité et le caractère officiel, s'y trouve précédé d'un aperçu historique de nos anciennes coutumes, indiquant ce qu'elles étaient et ce qu'il en reste, puis d'un abrégé de la doctrine et de la jurisprudence sur la valeur légale des *Usages locaux,* le tout puisé aux meilleures sources ; ce coup d'œil sur les débris de notre vieille législation, subsistant au milieu de notre société moderne comme le témoignage impérissable du caractère national et des habitudes de nos pères transmises de génération en génération, servira de préface à ce petit livre, et le recommandera peut-être aussi aux esprits curieux de l'origine des choses, de leur durée et de leurs transformations successives.

# DES ANCIENNES COUTUMES [1].

## § 1.

### DE L'ORIGINE DES COUTUMES ET DE LEUR RÉDACTION.

Les auteurs ne sont pas d'accord sur l'origine des coutumes. — Montesquieu en place l'époque aux invasions des Normands, aux guerres intestines qui désolèrent les règnes malheureux qui suivirent celui de Charlemagne, au moment, par conséquent, où la féodalité prit naissance. — Merlin (*Rép.*, v° *Coutume*, § 1er) est aussi de cet avis. — M. Laferrière (dans son *Histoire du droit français*) fait également dériver les coutumes de la féodalité. — Mais cette opinion est vivement combattue par Klimrath, dans un article sur l'*Histoire du droit français*, de M. Laferrière. — V. *Revue de législation*, par Wolowski, t. 4, p. 55 et suiv., — et Klimrath, *Travaux sur l'Histoire du droit français*, t. 1er, p. 113. — Selon M. Klimrath, la source des coutumes est le droit germanique. Voici comment il s'exprime à cet égard : « Les germes déposés dans les mœurs germaniques, dit-il, se sont développés dans des situations diverses, sous des formes différentes appropriées aux besoins de chacune des époques franque, féodale et moderne. L'ensemble de ces formes constitue le système historique du droit coutumier, qui n'est point né du droit féodal, mais dont le droit féodal est un épisode, ou, si l'on veut, un chapitre (p. 61). »

Quoi qu'il en soit, les coutumes qui régissaient la France avant la révolution offrent sous un double rapport le plus puissant intérêt. Par leur diversité, elles retracent mieux qu'au-

---

[1] Les arrêts cités sont indiqués selon la nouvelle édition du *Journal du Palais* ; on les trouvera également dans tous les autres recueils d'arrêts, soit à leur date, soit en consultant les tables chronologiques.

cun ordre de faits la vive image de cette France du moyen-âge, si morcelée dans son territoire, si bigarrée en apparence, parce qu'elle était riche et inépuisable dans les manifestations spontanées de son activité nationale. Par leur unité, au contraire, par l'identité de leur esprit, elles ont pu aspirer à se fondre dans un droit commun, consigné dans un texte unique sous la sanction législative ; elles ont pu devenir la source où ont puisé largement les rédacteurs du Code civil. — Klimrath, *Etudes sur les coutumes.* (*Revue de législation*, t. 6, p. 107) ; — Eschbach, *De l'utilité d'un cours d'encyclopédie du droit* (même *Revue*, t. 16, p. 344 et 345).

Transmises d'abord par la tradition et la jurisprudence, les coutumes, à mesure qu'elles devinrent plus complètes et plus précises, furent rédigées par écrit, soit par les tribunaux, soit par les particuliers. — Indépendamment de Pierre de Fontaines, des établissements de Beaumanoir et de quelques autres, les procès-verbaux mêmes de la rédaction des coutumes font mention d'anciens livres, papiers et registres coutumiers. Les uns étaient des ouvrages, des sortes de traités, où des particuliers s'étaient efforcés d'exposer les règles coutumières dont ils devaient la connaissance à leur expérience pratique ; les autres étaient ce que Bouteillier *appelle le livre coutumier du greffe*, c'est-à-dire un recueil des coutumes tenues pour vraies en jugement, et enregistrées par le greffier par forme de mémorial. Ce livre coutumier du greffe et les coutumiers, rédigés par les particuliers, n'avaient aucune autorité obligatoire ni exclusive, telle que les coutumes rédigées officiellement en ont joui depuis. — Klimrath, *ubi suprà*, p. 132 et 133.

La première rédaction officielle des coutumes a été prescrite par Charles VII. — L'ordonnance rendue par ce prince à Montil-lès-Tours, en avril 1453, sur la demande des Etats généraux, porte (art. 125) ce qui suit : « Ordonnons que les coutumes, usages et styles de tous les pays de notre royaume soient rédigés, mis en écrit par les coutumiers praticiens et gens de chacun pays de notre royaume, lesquels coutumes, usages et styles seront apportés devant nous pour les faire voir et visiter par les gens de notre conseil ou de notre parlement, et par nous les décréter et confirmer ; et iceux usages et styles, ainsi confirmés et décrétés, seront observés et gardés ès-pays dont ils seront, et ainsi dans notre cour de parlement ès-causes et procès d'iceux pays, sans autres preuves que ce qui aura été écrit audit livre. » — L'ordonnance défendait, en outre, à tous avocats de proposer, et à tous juges d'admettre d'autres coutumes que celles qui auraient été rédigées officiellement, de l'avis des Etats, sous l'autorité du roi.

Charles VIII imprima une nouvelle impulsion à la rédaction des coutumes par ses lettres-patentes des 28 janvier 1493 et 15 mars 1497. Par la première de ces lettres, il détermina la forme des assemblées et le mode de la rédaction des cahiers, et enjoignit aux officiers des lieux de lui envoyer ces cahiers, en forme due et authentique. Un grand nombre de coutumes furent rédigées en vertu de ces lettres-patentes. (V. l'énumération qui en a été faite par Klimrath dans son article *Sur les coutumes, loc. cit.*, p. 112). — Mais les difficultés qui s'étaient élevées au sujet des formalités prescrites par les lettres-patentes précitées donnèrent lieu à celles du 15 mars 1497, par lesquelles Charles VIII ordonna la publication immédiate d'un certain nombre de coutumes. On trouve aussi dans ces lettres la première trace du désir de modifier les coutumes en même temps qu'on les rédigeait. On y rappelle que les officiers des lieux chargés de rédiger les coutumes avec les praticiens et les gens des trois Etats, devaient aussi donner leur avis sur ce qui leur semblerait devoir être corrigé, ajouté, diminué ou interprété.

Louis XII, par ses lettres d'édit données à Blois le 4 mars 1505, renouvela les lettres de Charles VIII et en ordonna l'exécution. A ce prince appartient la gloire d'avoir doté le royaume des premières coutumes rédigées officiellement et revêtues de la sanction du législateur. L'exécution des lettres de 1505 embrasse deux ordres de faits, la rédaction des coutumes qui ne l'avaient point été encore, et la publication des coutumes rédigées. — Klimrath, p. 115.

Les changements de règnes retardèrent la rédaction et la publication des coutumes. De François 1er à Henri IV, on voit, aux coutumes publiées pour la première fois, se joindre la réformation de celles qui avaient été une fois déjà, non-seulement rédigées, mais publiées et décrétées en due forme. — Le 7 août 1520, François 1er donna des lettres pour la réformation des coutumes du Bourbonnais. — Mais c'est en 1555 que se trouve le premier exemple d'une coutume véritablement nouvelle et réformée. C'est aussi à partir de cette année que l'on voit le président de Thou occupé pendant vingt-cinq ans, comme principal commissaire de la rédaction et de la réformation des coutumes. Sous Charles IX, les coutumes du duché de Bourgogne rédigées en 1459 (V. *suprà* n° 7), furent réformées et interprétées par ordre du roi. — Le règne de Henri III vit aussi la rédaction ou la réformation de quelques coutumes importantes. Les lettres du 12 mai 1575, notamment, ordonnèrent la réformation de la coutume de Bretagne à cause de l'obscurité de l'ancienne. Mais avec le règne de Henri III s'arrêta le grand travail de la rédaction officielle des coutumes de France. — Sous Henri IV et ses successeurs il n'arriva plus que rarement qu'une coutume fût rédigée. — Voir, pour l'énumération des coutumes rédigées et publiées depuis Charles VII jusqu'à la révolution française, l'article précité de Klimrath, *Étude sur les coutumes.*

En 1789 on comptait dans le royaume environ soixante coutumes générales, c'est-à-dire qui étaient observées dans une province entière, et environ trois cents coutumes locales qui n'étaient observées que dans une seule ville, bourg ou village. — Merlin, *Rép.*, v° *Coutume* § 1er.

La Coutume de Paris, aussi appelée la Coutume de la Prévôté et Vicomté de Paris, mérite une mention particulière, comme étant une des principales ressources du Code civil. Sa première rédaction officielle est de 1510, et sa réformation de 1580. Son application s'étendait quelquefois hors de Paris dans des juridictions étrangères à son ressort.

## § II.

### DES DIFFÉRENTES SORTES DE COUTUMES.

Les coutumes étaient *générales* ou *locales*. Les premières étaient observées dans une province entière ; les secondes n'étaient obligatoires que dans une seule ville, un bourg ou un village. Chaque coutume tirait son nom du territoire dans lequel elle était observée, ou de la juridiction qui devait l'appliquer.

Les coutumes locales modifiaient les coutumes générales dans leur application. — V. Klimrath, *Etudes sur les coutumes* ( *Rev.* de *Législ.*, t. 6, p. 171, 185, 187, 190, 200. )

## § III.

### DE L'AUTORITÉ DES COUTUMES OU DE LEUR FORCE OBLIGATOIRE.

Les coutumes qui avaient été rédigées par écrit, de l'autorité du prince, n'acquéraient pas encore par cela seul force obligatoire , il fallait en outre qu'elles fussent enregistrées au parlement ; alors elles tenaient lieu de lois pour tous ceux qui leur étaient soumis. — Denizart, v° *Coutume;* Merlin, *ubi suprà.*

Des coutumes dont la rédaction n'avait jamais été ni ordonnée ou approuvée par le législateur, ni enregistrée dans les tribunaux souverains, conservaient également force de loi, lorsqu'elles avaient été constamment observées par tous ceux qui vivaient ou qui avaient des biens dans leur territoire. C'est ce qui avait été jugé par un arrêt du parlement de Flandre du 12 juin 1731, rapporté par Merlin, *Quest. de droit,* v° *Coutume;* § 2 (V. encore le même auteur, *Rép.*, *eod. verb.*, § 1er); mais la jurisprudence avait unanimement refusé force obligatoire à ces sortes de coutumes, quand elles n'étaient pas *notoires*, et que la pratique n'en était ni uniforme, ni constante. — V. arrêts du parlement de Paris des 12 janvier, 27 mai 1700 ; 22 décembre 1732 ; 3 septembre 1734, indiqués par Merlin (*Quest. de droit, verb. cit.*), où il cite aussi dans le même sens plusieurs autres arrêts du parlement de Flandre.

Les coutumes qui étaient revêtues de l'autorité publique, c'est-
à-dire sanctionnées par le roi et enregistrées par le parlement,
étaient de vraies lois de l'Etat ; et, par cette raison, les arrêts des
cours souveraines qui les enfreignaient n'étaient pas moins sujets
à la cassation que s'ils eussent violé les ordonnances, les édits, les
déclarations du roi. — Merlin, *Rép., v*is *Coutume,* § 2, et *Cass.,*
§ 2, n° 6.

On tenait communément que les coutumes étaient de droit étroit,
c'est-à-dire qu'elles ne pouvaient recevoir d'extension d'un cas à
un autre. Leur autorité était aussi limitée à leurs territoires res-
pectifs par une conséquence nécessaire de principe : *extrà territo-
rium jus dicenti impunè non paretur.* — L. 28, *Dr. de juridict.* —
Merlin, *Rép.,* v° *Coutumes,* § 2 et 3. — V. sur la délimitation du
territoire de chaque coutume, Klimrath, *Etudes sur les coutumes ;
Revue de législation,* t. 6, p. 161 et suivantes.

Depuis le Code civil et le Code de procédure, toutes les dispositions des coutumes relatives aux matières dont se sont occupés
ces deux Codes, ont été abrogées. — En effet, l'art. 7, L. 30 vent.
an XIII, sur la réunion des lois civiles en un seul corps, est ainsi
conçu : « A compter du jour où les lois sont exécutoires, les lois
romaines, les ordonnances, *les coutumes générales* ou *locales,* etc.,
cessent d'avoir force de loi générale ou particulière dans les matières qui sont l'objet desdites lois composant le présent Code. »
— L'art. 1041, C. procéd., contient une disposition semblable. —
Il résulte de ces deux articles que les dispositions des coutumes,
sur les points mêmes où elles n'ont rien de contraire au Code
civil ou au Code de procédure, ne sont plus obligatoires. — Toullier, t. 1er, n° 157.

Mais, forcés de juger sans pouvoir s'en dispenser, sous prétexte
du silence ou de l'insuffisance de la loi, les tribunaux peuvent encore invoquer le droit coutumier pour décider les espèces qui n'ont
pas été prévues par les lois actuelles. — Merlin, *Rép.* v° *Coutume,*
§ 7 ; — Toullier, t. 1er, n° 157 ; — Eschbach, *De l'utilité d'un cours
d'encyclopédie du droit* (revue de législation, t. 16, p. 344 et 345).

Toutefois, la violation d'un article de coutume ne saurait, dans ce cas, donner ouverture à cassation. — Eschbach, *ubi suprà.*

D'un autre côté, la loi n'ayant pas d'effet rétroactif, tous les actes qui ont été passés et tous les droits qui se sont ouverts sous l'empire des coutumes avant leur abrogation, doivent encore aujourd'hui être régis par les dispositions de ces coutumes. — *Cass.* 10 janv. 1825, Denis c. Desars ; — Merlin et Eschbach, *loc. cit.*

Cependant un arrêt qui statue sur des contestations élevées à l'occasion de ces actes ou de ces droits, ne peut être cassé pour avoir interprété la disposition d'une coutume, s'il a prononcé conformément à l'opinion des commentateurs les plus estimés. — *Cass.* 18 fév. 1840 (t. 1er 1840, p. 640), Micheau et Friquet c. la commune de Lantage.

Enfin, un grand nombre de dispositions de notre droit ont une origine purement coutumière ou mélangée de droit coutumier. Les coutumes de Paris et d'Orléans, notamment, sont une des principales sources du Code civil. Dès-lors, les coutumes sont les éléments de l'interprétation la plus sûre et la plus féconde qui se puisse faire du Code civil. — Toullier, t. 1er, n° 158 ; — Klimrath, *Etudes sur les cout. ; — Revue de législ.* t. 6, p. 107 ; — Eschbach., *eod. loc.*

## § IV.

### A QUELLE LOI DEVAIT-ON RECOURIR POUR LES CAS NON DÉCIDÉS PAR LES COUTUMES?

Lorsqu'il se trouvait un cas non prévu par une coutume, était-ce au droit romain ou aux coutumes voisines, ou à celle de Paris, qu'il fallait avoir recours? Quelques jurisconsultes voulaient qu'on se référât à cette dernière coutume, comme mieux rédigée et embrassant un plus grand nombre de cas (Denisart, v° *Coutume*); mais Merlin (*Rep.* v° *Coutume*, § 3), fait remarquer, avec raison, que cette coutume n'avait pas non plus tout prévu, et que d'ailleurs elle n'avait pas plus d'autorité que les autres hors de son territoire. Aussi l'opinion généralement admise était qu'on devait d'abord demander à des coutumes voisines la solution de la difficulté non décidée par une autre coutume. — Domat. *L. civ.*, t. 1, sect. 2, n. 20. — Si aucune de ces coutumes voisines n'avait prévu la question, il fallait consulter l'esprit des autres coutumes. Si, enfin, on ne trouvait aucune loi municipale qui se fût expliquée, et que le droit romain présentât une solution, on pouvait alors l'employer comme l'autorité de la raison écrite. — *ubi suprà*, et v° *Autorité*, n° 5.

Jugé aussi que, quand le texte d'une coutume était obscur, il fallait en chercher l'interprétation plutôt dans les coutumes voisines que dans le droit romain. — *Cass.*, 29 déc. 1829. Lespès c. Dufau.

Il y avait au surplus des coutumes pour lesquelles la question était expressément décidée par les lettres patentes qui les confirmaient. C'est ainsi que les lettres patentes de François Ier, pour la rédaction de quelques coutumes, ordonnèrent que, pour les cas qui ne seraient point prévus par les rédacteurs, on aurait recours au droit romain. — Merlin, *Rep.* v[is] *Coutume*, § 3, et *Autorité* n° 5.

Mais lorsque le décret d'homologation d'une coutume locale contenait un renvoi *au droit écrit*, il fallait entendre par ce renvoi la *coutume générale du pays*, et non pas le *droit romain*, auquel le recours ne pouvait être que *subsidiaire*. — *Bruxelles*, 12 mars 1853, Decoster.

Si la coutume générale disposait, dans un sens restrictif, conformément à son antécédent, elle était applicable à la coutume locale dont l'antécédent contenait une disposition illimitée. — Même arrêt .

# DES USAGES LOCAUX EN GÉNÉRAL [1].

On peut définir l'usage, avec le président Bouhier (*Observat. sur la cout. de Bourgogne*, chap. 13, no 34) : « Tout ce qui se pratique d'ordinaire dans un pays, par rapport aux différentes affaires qui se traitent parmi les hommes. » Cette définition a été aussi adoptée par Toullier, t. 1er, n° 158 ; —Merlin, *Rép.*, v° *Usage* (5e édition), t. 18, p. 250, — et Mailher de Chassat, *Traité de l'interprétation des lois* (édit. de 1836), p. 234.

Chez les Romains, les mots *usage* et *coutume* étaient synonymes. On les trouve réunis dans la loi 2, Cod., liv. 8, tit. 53 ; *Consuetudinis usûsque longævi non vilis auctoritas est.* Ils désignaient également un droit qui n'était pas écrit.

En France, on a aussi attaché, pendant longtemps, les mêmes idées à ces mots, mais peu à peu on s'est habitué à les distinguer ; on a d'abord nommé *coutume* ce qu'on regardait comme loi non écrite, et *usage*, ce qui étant de pure routine n'était pas toujours véritablement obligatoire. Plus tard, on a appelé *coutumes* les règles qui s'étaient introduites par les mœurs des peuples et que l'autorité législative avait fait rédiger par écrit. Le nom d'*usages* est resté à celles dont il n'existait point de rédaction ordonnée ou approuvée par le souverain. C'était dans ce dernier sens qu'on entendait ces mots, avant la révolution. — Merlin, *loc. cit.*, § 1er, n° 1er ; — Toullier et Mailher de Chassat, *ubi suprà*.

Les coutumes ont été abrogées par la loi du 30 vent. an XII (art. 7). — Mais les usages subsistent, et plusieurs articles du Code civil renvoient aux usages locaux. — V. art. 590, 591, 593,

---

[1] Les arrêts cités sont indiqués selon la nouvelle édition du *Journal du Palais*; on les trouvera également dans tous les autres recueils d'arrêts, soit à leur date, soit en consultant les tables chronologiques.

645, 663, 671, 674, 1135, 1648, 1736, 1753, 1754, 1758, 1759, 1762, 1766, etc. — Toullier, n° 158, *in fin.*; — Mailher de Chassat, *loc. cit.*

Les conditions moyennant lesquelles se forme et s'établit l'usage, les caractères qu'il doit réunir pour avoir force de loi peuvent être réduits à six. Les faits qui le composent doivent être : 1° uniformes, 2° publics, 3° multipliés, 4° observés par la généralité des habitants, 5° réitérés pendant un long espace de temps, 6° constamment tolérés par le législateur. — Toullier, n° 159; — Merlin, *ubi suprà*, n° 3 ; — Mailher de Chassat, p. 235 ; — Zachariæ, *Cours de droit civil français*, t. 1er, p. 37 et 38.

*Uniformes*, parce que « il faut, dit Dunod (*Traité des prescriptions*, 1re partie, chap. 13), que les faits soient agréés et adoptés, pour ainsi dire, par la multitude, qui marque, en ne les contredisant pas et en ne faisant rien de contraire, qu'elle en userait de même en pareille occasion. » Ainsi, des faits sur lesquels les témoignages varieraient, des actes dans lesquels se trouveraient mêlés d'autres actes différents ou contraires, de telle sorte qu'il ne résultât pas de là qu'on eût constamment pratiqué la même chose, seraient insuffisants pour établir un véritable usage. — Voët, *Ad pandect. De legibus*, n° 31 ; — Mailher de Chassat, *eod loc.*

*Publics ;* il importe en effet d'obtenir la certitude que la multitude, sur la volonté tacite de laquelle l'usage est fondé, a donné son consentement à de certains faits pouvant former cet usage ; or, comment pourrait-elle être présumée les avoir connus, s'ils étaient clandestins ? Il n'est cependant pas nécessaire, pour la publicité de ces faits, que les actes qui l'établissent soient judiciaires. Des actes extrajudiciaires (c'est-à-dire des actes faits hors jugement) peuvent même former un usage, pourvu qu'ils soient tels qu'ils aient pu parvenir à la connaissance du public. — Voët, *Ad pandect, De legib.*, n° 30 ; — Dunod, *loc. cit.*; — Merlin, p. 251, 2e col.; — Mailher de Chassat, p. 236 et suiv.

*Multipliés ;* cette condition est prescrite par la loi 34, ff., *De regul. jur. : quod in regione in quâ actum est frequentatur.* Une foule de témoins qui attesteraient des faits séparés ou étrangers les uns aux autres n'établiraient donc pas un usage véritable. Il faut citer plusieurs actes uniformes. — Voët, *ibid*, n° 37.

*Observés par la généralité des habitants ;* car le fait particulier de quelques-uns ne peut nuire à un tiers ni obliger la multitude. Du reste, il n'est pas nécessaire que la généralité de l'usage soit absolue et physique. Il ne faut pas non plus confondre l'usage du grand nombre avec l'usage général. Pour fonder un usage général, la seule pluralité ne suffit pas : il faut une prépondérance bien décidée sur le petit nombre qui ignore l'usage. Pourquoi cela ? parce que l'usage général suppose l'unanimité morale et le consentement présumé de tous ; or, ni cette uniformité ni ce consentement ne sont renfermés dans le simple usage du plus grand nombre. Dans la pratique, ce caractère est difficile à déterminer ; c'est ici le cas de dire avec la loi 32, ff., *De usuris* : « Les questions qui sont plus de fait que de droit ne peuvent être décidées ni par les législateurs ni par les jurisconsultes. » — Merlin, *loc. cit.*, p. 252 ; — Mailher de Chassat, p. 242.

*Réitérés pendant un long espace de temps ;* la difficulté n'est pas moindre dans ce cas que dans le précédent, car c'est encore une question de fait. Autrefois on exigeait dix ou vingt ans lorsqu'il s'agissait d'un usage supplétif ou interprétatif de la loi, et quarante, lorsqu'il était question de l'abrogation d'une loi. Mais il est plus sage d'admettre le sentiment de Dunod, qui laisse à l'arbitrage du juge de décider, par le nombre et la qualité des actes, si la coutume est acquise et s'il s'est écoulé un temps assez long pour que le public et le législateur en aient eu connaissance. Il n'est pas possible, en effet, de donner sur ce point des règles fixes et invariables. — Toullier, n° 159 ; — Merlin, *ubi suprà*; — Mailher de Chassat, *ibid.*

*Constamment tolérés par le législateur* : si le législateur avait condamné un usage, il ne pourrait de nouveau s'établir qu'autant qu'il se serait écoulé depuis un temps suffisant pour faire présumer de sa part une approbation tacite. — Merlin, *ibid.* ; — Mailher de Chassat, p. 243.

C'est pour empêcher les usages contraires à la loi de s'établir, que le procureur général près la cour de Cassation est investi du droit de requérir l'annulation des arrêts dans l'intérêt de la loi, même après le délai accordé aux parties pour se pourvoir en cassation. — Toullier, t. 1er, n° 161, note.

Enfin, une dernière condition, c'est que les faits qui forment l'usage ne doivent être *contraires ni à l'ordre public ni aux bonnes mœurs*.

Un usage allégué ne peut donc être considéré comme établi qu'autant qu'il présente les caractères qui précèdent. C'est ce que la cour de Cassation a elle-même reconnu, en refusant de donner force de loi à un usage qui ne réunissait point les conditions d'uniformité et de publicité. — *Cass.*, 9 avr. 1838 ( t. 1er, 1838, p. 485), comm. de Bendorff c. Brida.

Les actes ordinaires par lesquels on prouve l'existence d'un usage sont une suite d'arrêts ou de jugements passés en force de chose jugée, uniformes et rendus sur les mêmes matières de droit, *Series rerum perpetuò similiter judicatarum*, le témoignage des magistrats, des jurisconsultes, des avocats, des praticiens, etc. — Voët, *Ad Pandect.*, *De legibus.*, n° 33; — Toullier, *ubi suprà;* — Mailher de Chassat. p. 240, note 3e.

Autrefois l'usage se prouvait par des actes de notoriété. Ces actes étaient des certificats authentiques délivrés par des officiers de judicature, de ce qui se pratiquait dans leurs siéges sur quelque matière de jurisprudence ou quelque forme de procédure. Aucune loi ne les avait autorisés : ils avaient été introduits par l'usage pour tenir lieu des *enquétes par turbes* abrogées par l'ordonnance de 1667. — Merlin, *Rép.*, v° *Notoriété* (acte de), n° 1er.

Mais ce mode de preuve ne peut plus être employé légalement depuis l'art. 1041, C. pr. civ., qui a abrogé non-seulement toutes les lois et tous les règlements, mais encore toutes les coutumes et tous *les usages antérieurs* relatifs à la procédure civile. La preuve d'un usage ne peut donc plus se faire que par titres et par témoins. Merlin, qui avait d'abord émis une opinion contraire (*Quest. de droit,* v° *Mariage*, § 7, n° 1er), est revenu à cette dernière solution (*Rép.*, v° *Notoriété* [*acte de*]). — V. aussi, dans ce dernier sens, Bioche, *Dict. de procéd*,. v° *Acte de notoriété*, n° 5 (2 édit.), et les annotateurs de Zachariæ. t. 1er, p. 37, n° 4.

La jurisprudence elle-même a décidé que, depuis le Code de procédure, on ne pouvait être admis à prouver l'existence d'un usage par un acte de notoriété émané d'un tribunal. — *Bruxelles*, 10 mai 1816, Thomas c. Dewez ; — *Cass.*, 4 avr. 1824 (intérêt de la loi), trib. de Guéret ; — *Bruxelles*, 9 mai 1832, Corswaren. — V. cependant *Bruxelles*, 15 fév. 1810, Fauconnier c. Grégoire ; — 24 juillet, Crousse c. Corbisier et Cottier.

Jugé aussi qu'un fait ou usage de commerce ne peut, surtout lorsqu'il est exorbitant du droit commun, être établi devant la cour de Cassation par des certificats et parères. — *Cass.*, 15 janv. 1812, Michel c. Hainguerlot.

Lorsqu'un usage réunit les conditions que nous avons indiquées, on peut alors lui appliquer cette maxime : *Diuturni mores consensu utentium comprobati legem imitantur*. (*Institut. just.*, *De jur.*, *natur.*, § 9.) Il a presque l'autorité de la loi. — *Bordeaux*, 24 déc. 1833, Verrières c. Blanc.

Il peut, lorsque la loi est muette, suppléer à son silence. Dans les causes où nous manquons de lois écrites, il faut en effet observer ce qui a été introduit par les mœurs et par les usages. C'est la disposition précise de la loi 32 ff., *De legib : De quibus causis scriptis legibus non utimur, id custodiri oportet quod moribus et consuetudine introductum est*. Le Code civil a lui-même consacré ces principes en renvoyant fréquemment, comme nous l'avons vu (n° 4), aux usages locaux, pour suppléer ou compléter ses dispositions. — Merlin, *Rep.*, v° *Usage*, § 2, n° 2; — Toullier, t. 1er, n° 161 ; — Mailher de Chassat, p. 243.

L'usage peut interpréter la loi. Il y a plus, la loi n'a pas de meilleur interprète que l'usage. *Optima est legum interpres consuetudo*. — L. 37, ff., *De legib*. — Domat, *Lois civiles* (liv. prélim.), tit. 1er, sect. 2e, n° 19; — Merlin, *ibid.*, et v° *Loi*, § 10 (5° édit.),

t. 10, p. 241, col. 2e *in fine*; — Toullier, n° 160; — Mailher de Chassat, p. 254.

L'usage, lorsqu'il porte tous les caractères que nous avons tracés, a la force d'enchaîner l'interprète de telle manière qu'il ne puisse plus employer ensuite aucune des méthodes de l'interprétation doctrinale. Mais il en est différemment dans le cas contraire, c'est-à-dire lorsque l'usage est dépourvu de l'un de ces caractères. Alors le principe que l'interprète doit toujours chercher la volonté de la loi dans ses termes et dans son esprit reprend son empire. — Merlin et Mailher de Chassat, *ubi suprà*.

Les usages antérieurs au Code civil, et auxquels ce Code n'a pas renvoyé formellement, ne sont plus d'aucune autorité pour l'avenir. Ils ont été abolis par la loi du 30 ventôse an XII, art. 7. — *Cass.*, 31 déc. 1810, Bessy c. préfet des Alpes-Maritimes, 21 août 1813 (intérêt de la loi). — Merlin, *Rep.*, v° *Voisinage*, § 4, n° 6.

Les juges ne doivent et ne peuvent donc fonder leurs décisions sur des usages que dans les cas spéciaux où la loi s'y réfère d'une manière expresse. — Zacharie, t. 1er, p. 38.

Ce n'est que dans de parcilles hypothèses que la violation d'un usage peut donner lieu à cassation. — V. les annotateurs de Zachariæ, *loc. cit.*, n° 7.

Il a été en effet maintes fois décidé que la violation d'un usage qui ne reposait sur aucun texte de la loi ne pouvait constituer un moyen de cassation. — *Cass.*, 14 août 1817, Gazay c. Vidal; — *Bruxelles*, 28 juin 1820, Bustangy; — *Cass.*, 11 juin 1825, Rolland; — 13 juin 1850, Dasque c. Page; — 29 juin 1836, Vasquez c. Arnauld.

Dans le cas où un usage qui réunit les conditions ci-dessus indiquées est contraire à une loi expresse et qui n'a point cessé d'être appliquée, bien que cet usage doive être sans effet, sans autorité aucune, les actes faits sous son empire n'en doivent pas être moins validés, suivant la règle *error communis facit jus*. — *Cass.*, 14 juillet 1825, Cordon c. Pellerin.

Lorsque, avant le Code, on a déclaré se marier sous le régime de telle coutume, on est censé s'être soumis non-seulement aux dispositions écrites de cette coutume, mais encore à tous les usages observés dans les pays qu'elle régissait. — *Cass.*, 30 avril 1835, Spitalier. — Ainsi, on est réputé avoir adopté l'usage de la crue, suivi dans cette coutume pour l'évaluation du mobilier prisé dans un inventaire. — Même arrêt.

# ACTES OFFICIELS

## Prescrivant la Recherche, la Constatation et la Vérification des Usages locaux ayant force de loi.

Paris, le 26 juillet 1844.

Monsieur le Préfet,

Plusieurs Conseils généraux des départements ont, dans leurs sessions des années dernières, exprimé le vœu que l'on s'occupât de constater et de recueillir, dans l'intérêt des services de l'administration et des tribunaux, les Usages locaux auxquels se réfèrent diverses dispositions législatives.

La loi, en effet, donne à l'Usage force de loi dans un assez grand nombre de cas ; ainsi le Code Napoléon a disposé que l'usufruit des bois (art. 590, 593), l'usage des eaux courantes (art. 644, 645), la hauteur des clôtures dans les ruelles et faubourgs (art. 663), la distance à garder entre les héritages pour les plantations d'arbres de haute tige (art. 671), les constructions susceptibles, par leur nature, de nuire au voisin (art. 674), les délais à observer pour les congés des locataires et les paiements des sous-locations (art. 1736, 1738, 1755, 1758, 1759), les réparations locatives ou de mince entretien (art. 1754, 1755), les obligations des fermiers entrants et sortants (art. 1777), auraient généralement pour règle l'*Usage des lieux, les Règlements particuliers, les Coutumes ;* de même, la loi du 28 septembre, 6 octobre 1791, qui régit la police rurale, renvoie le parcours à l'*Usage local immémorial* et aux *Coutumes ;* de même encore, la loi du 14 floréal an XI subordonne *aux anciens Règlements* et *aux Usages locaux* la direction des travaux qui ont pour objet le curage des canaux et rivières non navigables et l'entretien des ouvrages d'art qui y correspondent [1].

---

[1] A cette nomenclature on peut ajouter l'article 479, § 12, du Code pénal , qui réprime les enlèvements de gazons, terres ou pierres sur les chemins publics, et de terres et matériaux sur les terrains communaux, à moins qu'il n'existe un usage général qui les autorise ; — l'article 6, n° 2 de la loi du 6 juin 1838, sur les justices de paix, qui renvoie aux usages et règlements locaux pour la distance des plantations d'arbres ou de baies. (Note de l'Auteur).

L'énumération de ces cas principaux suffit pour que l'on comprenne
de quelle utilité serait, dans chaque département, un recueil des Usages,
formé avec soin et revu par toutes les personnes de la localité les mieux
instruites et les plus compétentes ; on ne saurait sans doute l'imposer
comme loi, mais les autorités, aussi bien que les particuliers, y puiseraient
journellement des renseignements indispensables, et par degrés, on par-
viendrait à rectifier, et même à fixer d'une manière presqu'authentique
des usages parfois contradictoires et trop souvent mal connus ; au moins
ces documents seraient d'une grande importance pour l'élaboration d'un
code rural demandé par le plus grand nombre des Conseils généraux de
départements.

Il existe quelques exemples de travaux de ce genre, la société libre
d'agriculture de l'Eure, après une sorte d'enquête qu'elle a ouverte dans
son sein, a publié un résumé des Usages ruraux pour les cinq arrondisse-
ments du département. Un travail semblable a été fait, vers le même temps,
dans le département d'Eure-et-Loire ; mais il n'embrasse que plusieurs
cantons. Enfin, M. Amédée Clausade, membre du Conseil général du
Tarn, a recueilli, sous les auspices et grâce à l'appui de M. le Procureur
général près la cour royale de Toulouse, les Usages locaux de diverses
natures qui sont en vigueur dans le département du Tarn.

Je vous invite, M le Préfet, à soumettre au Conseil général cette question, et à le prier d'examiner s'il y a lieu de former un Recueil des Usages
locaux dans le département : quelle sera la marche à suivre pour en assurer
la bonne exécution, et quels encouragements pourront y être consacrés.

Recevez, etc.

Le Ministre secrétaire d'État de l'intérieur,

*Signé* : T. DUCHATEL.

<hr>

Paris, le 5 juillet 1850.

Monsieur le Préfet,

Par une circulaire en date du 26 juillet 1844, imprimée sous le n° 35,
M. le Ministre de l'intérieur invita MM. les Préfets à consulter les conseils
généraux de leur département sur l'opportunité de faire constater et

recueillir, dans l'intérêt des services administratifs et des tribunaux, les Usages locaux auxquels se réfèrent diverses dispositions législatives.

Des avis parvenus à mon ministère me portent à croire que cette enquête a été ordonnée dans le plus grand nombre des départements et que des commissions spéciales ont été nommées pour cet objet.

Ce travail, par sa nature, concerne particulièrement l'industrie rurale dont les intérêts se trouvent liés aux questions des baux à ferme, de la vaine pâture et du parcours, du curage des cours d'eau, des clôtures, des distances à observer pour les plantations d'arbres ou les constructions, en un mot, à une très-grande quantité d'usages auxquels la législation donne force de loi en beaucoup de circonstances.

En conséquence, je vous invite, dans le cas où ce travail aurait été fait ou commencé dans votre département, à vouloir bien me le faire connaître.

Vous voudrez bien également m'adresser le plus promptement possible une copie ou un exemplaire de ce qui aura été produit ou publié en exécution de la circulaire de M. le Ministre de l'intérieur.

Recevez, etc.

Le Ministre de l'agriculture et du commerce,

*Signé :* DUMAS.

---

Paris, le 15 février 1855.

Monsieur le Préfet,

Le 5 juillet 1850, le ministre qui dirigeait alors le département de l'agriculture et du commerce invita les Préfets des départements à lui faire connaître si, conformément aux prescriptions du ministère de l'intérieur, en date du 26 juillet 1844, les Usages locaux avaient été recueillis dans les localités placées sous leur administration.

Dans le cas où ce travail aurait été fait, il les engageait à lui transmettre une copie ou un exemplaire de ce qui aurait été produit ou publié relativement à cet objet.

Quelques-uns de MM. les Préfets ont adressé à l'Administration centrale, en exécution de cette invitation, des copies ou exemplaires des travaux exécutés ou des publications faites; toutefois, ces envois ne concernent qu'un petit nombre de départements, et j'ai pensé qu'il serait utile de compléter cette grande enquête, qui peut donner au Gouvernement des indications précises sur les besoins de l'industrie agricole.

En conséquence, je vous serai obligé de vouloir prendre toutes les dispositions nécessaires pour faire constater et recueillir dans votre département tous les usages locaux, c'est-à-dire ceux qui ne sont pas le résultat évident et direct d'un article de la loi, et auxquels les applications qui en sont faites dans quelques localités ou dans la plupart d'entre elles, donnent un véritable caractère de généralité.

Dans ce but, vous désignerez dans chaque canton une Commission présidée par le Juge de paix, et composée du membre de la chambre consultative d'agriculture, du membre du conseil général, et de deux ou trois autres membres choisis parmi les officiers ministériels exerçant dans la localité et les cultivateurs les plus instruits.

Cette Commission fera son travail, qui sera vérifié par une Commission centrale établie près votre Préfecture, et dans laquelle vous ferez entrer les membres des cours ou tribunaux du chef-lieu, ainsi que plusieurs des jurisconsultes les plus renommés.

Je vais m'entendre, du reste, avec mon collègue M. le Garde des Sceaux, afin qu'il adresse aux fonctionnaires qui relèvent de son département les instructions nécessaires pour l'exécution des présentes dispositions.

Vous aurez le soin de me transmettre, dès que vous le pourrez, le résultat des travaux accomplis; mais vous voudrez bien dès à présent m'accuser réception de la présente circulaire et me faire connaître l'ensemble des mesures que vous aurez adoptées pour en assurer l'exécution.

Recevez, M. le Préfet, l'assurance de ma considération très-distinguée,

Pour le Ministre :

*Le Conseiller d'État directeur général de l'Agriculture et du Commerce,*

Signé : HEURTIER.

LES

# USAGES LOCAUX

AYANT FORCE DE LOI

DANS LE

## DÉPARTEMENT DU RHONE,

RECUEILLIS ET CONSTATÉS

PAR LA COMMISSION CENTRALE.

§ I<sup>er</sup>.

## DE LA CLOTURE DANS LES VILLES ET FAUBOURGS.

*1. — Quelle est la règle admise par l'usage pour les dimensions en hauteur et en épaisseur du mur destiné à opérer la clôture obligatoire entre voisins, dans les villes et faubourgs?* (Art. 663 du C. N.)

La hauteur du mur doit être :
A Lyon, de 3 mèt. 30 cent. ;
A Thizy, de 2 mèt. ;
A Anse et à Saint-Symphorien-sur-Coise, de 2 mèt. 50 cent.;
A Saint-Laurent-de-Chamousset et à Givors, de 2 m. 65 cent.;
A Condrieu, de 2 mèt. 70 cent. ;
Dans le reste du département, de 2 mèt. 60 cent.
L'épaisseur du mur doit être :
A Tarare, de 40 cent. ;

Dans les quatrième, cinquième et sixième cantons de Lyon, de 42 à 50 cent. ;

Dans le reste du département, de 50 cent.

## § II.

### DE L'INVETISON DES ARBRES ET DES HAIES.

**2. — *A quelle distance de la ligne séparative des deux héritages doivent être plantés : 1° les arbres à haute tige ; 2° les arbres à basse tige ; 3° les haies? (Art. 671 du C. N.)***

La distance requise pour les arbres à haute tige est de 2 mèt.

La distance requise pour les arbres à basse tige est de 2 mèt. dans le canton de Mornant.

Elle est d'un mètre dans les cantons de la Guillotière, Limonest, la Mure, Saint-Genis-Laval et Thizy.

Elle est de 50 cent. dans tous les autres cantons.

La distance requise pour les haies vives est d'un mètre dans le canton de la Guillotière et de 50 cent. dans tous les autres.

Les arbres à haute ou à basse tige plantés le long des cours d'eau sont ordinairement affranchis de l'observation des distances légales.

Ceux à basse tige plantés le long d'un mur sont soumis à la règle suivante :

Si le mur appartient au propriétaire de l'arbre, l'arbre peut être planté immédiatement contre le mur ;

Si le mur est mitoyen à 16 cent. du mur ;

Si le mur appartient aux voisins, à 50 cent.

**3. — *Y a-t-il une distance exceptionnelle prescrite pour certains arbres, tels que noyers, chataigniers, etc.?***

Non, les anciens usages à cet égard ne sont plus observés.

*4. — A quels caractères distingue-t-on les arbres à haute tige et les arbres à basse tige?*

En général, on considère comme arbres à haute tige tous ceux qui sont destinés à s'élever à plus de 2 mèt. de hauteur.

*5. — A quelle mesure l'usage a-t-il fixé la hauteur et l'épaisseur de la haie?*

La hauteur de la haie n'est déterminée par aucun usage dans les cantons de la Mure, Givors et Villeurbanne.

Elle est dans le canton de la Guillotière de 3 mèt. ;

Dans celui de Villefranche, de 2 mèt. 60 cent.;

De Beaujeu, de 2 mèt. ;

De Limonest, Neuville, Thizy et Saint-Symphorien-sur-Coise, de 1 mèt. 50 cent. ;

Du Bois-d'Oingt, de 1 mèt. 33 cent.;

De Mornant, de 1 mèt. 30 cent.

Dans les autres cantons, de 1 mèt.

La haie ne doit pas dépasser en largeur l'espace donné à son invétison.

## § III.

### DE L'INVÉTISON DES FOSSÉS.

*6. — Quelle distance doit exister entre le fossé et la ligne séparative des deux héritages?*

Cette distance doit être égale à la profondeur du fossé.

## § IV.

### DES PROCÉDÉS DE BORNAGE.

*7. — Quels sont les procédés de bornage admis par l'usage?* (Art. 646 du C. N.)

Le bornage s'effectue :

Par des pierres brutes garnies de deux fragments d'une même pierre qu'on appelle *garants* ou *témoins,* et qu'on place contre la borne parallèlement à la ligne de démarcation ; on y joint quelquefois une troisième pierre appelée *talon* et posée derrière la borne pour indiquer sa direction ;

Par des pierres taillées marquées des initiales du nom des propriétaires ;

Par des croix gravées sur des rochers adhérents au sol ;

Par des arbres étêtés qu'on laisse sur la ligne séparative et qu'on appelle terminaux.

## § V.

### DES PASSAGES.

*8. — Quelle est la largeur prescrite par l'usage : 1° pour le passage à talons ou sentier ; 2° pour le passage à cheval ou mulet ; 3° pour le passage à voiture ?*

La largeur du sentier ou passage à talons est de 0 mèt. 50 c. dans les cantons de Condrieu et de Monsols ;

Et dans le septième canton de Lyon, de 0 mèt. 80 cent.

Dans les quatrième et cinquième cantons de Lyon, de 0 mèt. 83 cent. ;

Dans le canton de l'Arbresle, de 1 mèt. 20 cent. ;

Dans le canton de la Guillotière, de 1 mèt. ;

Dans tous les autres cantons la largeur du passage à cheval ou mulet est de 0 mèt. 50 cent ;

Dans le canton de Monsols et dans le troisième canton de Lyon, de 1 mèt. 30 cent. ;

Dans les quatrième et cinquième cantons de Lyon, de 1 mèt. 50 cent. ;

Dans les cantons de la Guillotière et de Thizy, de 2 mèt.;

Dans les cantons de Limonest, de Neuville et dans le sixième canton de Lyon, de 1 mèt.;

Dans les autres cantons la largeur du passage à voiture est de 2 mètres;

Dans les cantons de Condrieu et dans le troisième canton de Lyon, de 2 mèt. 33 cent.;

Dans le canton de Givors, de 2 mèt. 50 cent.;

Dans les cantons de Saint-Genis-Laval, Anse, Villefranche, l'Arbresle, Mornant, Monsols et le Bois-d'Oingt, de 2 mèt. 60 c.;

Dans les quatrième et cinquième cantons de Lyon, de 2 mèt. 66 cent.;

Dans les cantons de Neuville et de Tarare, de 4 mèt.;

Dans le canton de la Guillotière, de 3 mèt.;

Comme dans tous les autres cantons du département du Rhône.

## § VI.

### DES COUPES DE BOIS-TAILLIS.

*9. — Quel est habituellement l'intervalle de temps qui sépare chaque coupe de bois-taillis?* (Art. 590 du C. N.)

Cet intervalle de temps est en moyenne de neuf années à peu près. Toutefois dans le canton de Condrieu il serait de sept ans, et dans celui de Monsols, de quinze ans.

## § VII.

### DES CANAUX ET COURS D'EAU.

*10. — Quels sont les usages suivis pour le curage des canaux et cours d'eau?*

Le curage du canal s'opère par son propriétaire, le curage du cours d'eau par chaque riverain devant sa propriété.

## § VIII.

### DE CERTAINES PRÉCAUTIONS A PRENDRE DANS L'INTÉRÊT DE LA PROPRIÉTÉ VOISINE.

*11. — Quelle est la distance à observer et quels sont les ouvrages de précaution à exécuter en faveur de la propriété voisine pour l'établissement : 1° des puits ; 2° des cheminées et âtres ; 3° des fours, fourneaux et forges ; 4° des écuries et étables ; 5° des fosses d'aisances ; 6° des amas de matières corrosives ?*

Les commissions cantonales de l'Arbresle, de Beaujeu, de Lamure, de Limonest, de la Guillotière, de Montsols, de Saint-Symphorien et du troisième canton de Lyon, déclarent que dans les cantons qu'elles représentent l'usage ne prescrit pour les cas signalés dans la question précédente aucune règle particulière, mais laisse chacun maître de construire comme il l'entend sous sa responsabilité personnelle.

Les commissions de Saint-Genis-Laval, de Saint-Laurent-de-Chamousset, de Mornant, de Neuville, des quatrième et cinquième cantons de Lyon, constatent que le seul usage qui existe en cette matière est celui qui prescrit dans la construction d'un four de laisser entre le four et la propriété voisine un espace vide de 16 cent., appelé le *tour du chat.*

Dans le canton d'Anse on exige pour les puits un contre-mur d'un mètre d'épaisseur si la propriété voisine porte un bâtiment, sinon de 50 cent. ; pour les cheminées une plaque en fer fondu ; pour les fours, fourneaux et forges, un contre-mur de 16 cent. et un espace vide de même dimension.

Dans le canton de Belleville on exige pour les puits un contre-mur de 50 cent. ; pour les fours et fourneaux, un contre-mur de 33 cent. et un espace vide de 16 cent., et pour les étables et écuries, un contre-mur de 33 cent.

Dans le canton de Bois-d'Oingt on exige pour les fours le *tour du chat ;* pour les fosses d'aisances un contre-mur, et pour les cheminées une plaque en fer fondu.

A Condrieu et à Villeurbanne les puits et fosses d'aisances adossés au mur voisin en doivent être distants de 50 cent. si le mur est mitoyen, sinon de 75.

A Givors, dans la construction des cheminées et âtres, on place des contre-murs, et dans celle des fours on laisse l'espace vide appelé *tour du chat.*

Dans le premier canton de Lyon la construction d'un puits exige un contre-mur de 50 cent. ; celles des forges et fourneaux, écuries, étables et fosses d'aisances, un contre-mur de 30 cent. ; la construction d'un four exige de plus le *tour du chat.*

Dans le sixième canton de Lyon on exige pour les puits et les fosses d'aisances un contre-mur de 33 cent. ; pour les écuries, un contre-mur de 22 cent., et pour les fours et fourneaux, la mesure de précaution appelée *tour du chat.*

A Tarare, l'usage a adopté les dispositions de la Coutume de Paris.

A Thizy on demande un contre-mur de 33 cent. pour les âtres et cheminées, et de 50 centimètres pour les forges, fours et fourneaux.

A Villefranche on exige un mur de contre-fort de 50 cent. pour les puits, fosses d'aisances, étables et écuries, fours et fourneaux. Le *tour du chat* est également requis par l'usage dans l'établissement des fours.

*12. — L'emploi récemment introduit des ciments n'a-t-il pas modifié quelques-uns des usages précédemment admis?*

Cet emploi encore récent n'a jusqu'ici apporté dans les usages existants aucune modification bien constatée.

## § IX.

### DU GLANAGE ET DU GRAPILLAGE.

*13. — Quels sont les usages relatifs au glanage et au gra-pillage?*

Le glanage n'est toléré que lorsque le blé a été enlevé du champ ou mis en meule.

Le grapillage n'est autorisé que lorsque la récolte du raisin est terminée.

Il faut même dans le canton de Villefranche qu'elle soit ter-minée dans la commune entière.

Dans le canton de Limonest, on ne le permet que huit jours après la vendange.

Dans les cantons de Givors et de Saint-Genis-Laval il ne com-mence qu'au jour fixé par l'autorité municipale.

Le glanage et le grapillage ne doivent s'exercer que du lever au coucher du soleil.

## § X.

### DU PARCOURS ET DE LA VAINE PATURE.

*14. — Quels sont les usages relatifs aux droits de parcours et de vaine pâture?*

Il existe très-peu de droits de cette nature dans le département du Rhône : là où ils existent, le droit de parcours commence à s'exercer à la fin de juin, celui de vaine pâture s'exerce toute l'année.

## § XI.

### DES BAUX A LOYER, A FERME, A GRANGEAGE ET A VIGNERONNAGE.

*15. — A quelle époque de l'année commencent d'après l'usage : 1° les baux à loyer ; 2° les baux à ferme ; 3° les baux à grangeage ; 4° les baux à vigneronnage ?*

Ces divers baux commencent tous le 1er novembre dans les cantons de Tarare et Thizy.

Ils commencent tous le 11 novembre dans les cantons de Monsols, Limonest, Lamure, Saint-Laurent-de-Chamousset et Belleville.

A Mornant les baux à loyer commencent en tout temps, les autres le 11 novembre.

A Condrieu les baux à vigneronnage commencent le 1er novembre, les baux à ferme le 11, les baux à loyer en tout temps.

Au Bois-d'Oingt, à Chessy, à Beaujeu, à l'Arbresle, à Anse, les baux à loyer commencent au chef-lieu le 24 juin ou le 24 décembre ; dans le reste du canton ces baux, ainsi que tous les autres, commencent au 11 novembre.

Dans les autres cantons du département les baux à loyer commencent le 24 juin ou le 24 décembre, et les baux à ferme, à grangeage ou à vigneronnage, le 11 novembre.

*16. — Quelle est la durée fixée par l'usage pour chacun de ces baux ?*

La durée ordinaire des baux à loyer est de trois mois à Condrieu.

Elle est de six mois à Neuville, à Saint-Symphorien, à Chessy, au Bois-d'Oingt, à Saint-Genis-Laval, à Tarare et dans les troisième et cinquième cantons de Lyon.

Elle est d'une année dans les autres cantons du département.

La durée des baux à vigneronnage est d'un an.

La durée des baux à ferme ou à grangeage est de deux ans dans les cantons de Condrieu, Lamure, Villeurbanne et Monsols.

Elle est de trois ans dans les cantons de Neuville et de Tarare.

Dans les cantons de Saint-Laurent-de-Chamousset, de Belleville, de l'Arbresle et de Beaujeu, ces baux durent autant d'années qu'il y a de soles.

La durée de ces baux est d'un an dans les autres cantons du département.

*17. — A quelle époque se paient les prix de ferme et de location ?*

Les baux à loyer se paient par année dans les cantons de :

Mornant,

Villeurbanne,

Belleville,

Et Saint-Laurent-de-Chaumousset.

Ils se paient par semestre dans les autres cantons : le prix est payable à l'expiration de chaque terme.

Les baux à ferme se paient de six mois en six mois dans les cantons de :

Villefranche,

Tarare,

Thizy,

Monsols,

Et Saint-Genis-Laval.

Ils se paient d'année en année dans tous les autres cantons.

*18. — A quelle époque doivent être signifiés les congés :
1° pour chacune des diverses classes de baux à loyer ;
2° pour les baux à ferme ; 3° pour les baux à grangeage ;
4° pour les baux à vigneronnage ? (Art. 1736 et 1739
du C. N.)*

Pour les baux à loyer le congé doit être signifié trois mois
avant le jour de l'expiration du bail. Il sera signifié six mois avant
cette époque si le bail s'applique à une usine, une forge, une bou-
langerie ou à tout autre établissement exigeant des constructions
particulières.

Pour les baux à vigneronnage le congé doit être signifié trois
mois avant l'expiration du bail, excepté à Givors où l'on exige
six mois.

Pour les baux à ferme ou à grangeage le délai est de six mois ;
il est même d'un an à Saint-Symphorien-sur-Coise.

*19. — Quelle est la durée attribuée au nouveau bail formé
par tacite réconduction ?*

Celle qui est attribuée aux baux faits sans écrits ou sans stipu-
lation de durée.

*20. — A quelle époque commence pour le locataire sortant
l'obligation de souffrir la visite de l'appartement ?*

A Belleville et à Lamure cette obligation ne commence que le
jour de la sortie ; à Saint-Symphorien, la veille.

Elle commence trois mois avant la sortie dans les cantons de :
Lyon,
Beaujeu,
L'Arbresle,

Saint-Genis-Laval,

Limonest,

Et Villefranche.

Dans les autres cantons du département il n'y a point d'usage établi sur ce point.

**21.** — *A la fin du bail n'existe-t-il pas en faveur du locataire sortant un délai de faveur pour opérer le déménagement?*

Il est accordé un délai de vingt-quatre heures dans les cantons de :
Tarare,

Anse,

Et Saint-Symphorien.

De quarante-huit heures dans les cantons de Saint-Laurent-de-Chamousset.

De quatre à cinq jours dans les cantons de :
Lyon,

L'Arbresle,

Saint-Genis-Laval,

Givors,

Neuville,

Et Villefranche.

Dans les autres cantons il n'y a pas d'usage établi sur ce point.

**22.** — *A qui incombe la charge du balayage des cours et escaliers de la maison louée ?*

Dans les maisons où il n'existe pas de portier cette charge pèse sur les locataires qui se la partagent de diverses manières : tantôt ils sont tenus du balayage à tour de rôle, chacun pendant une semaine, tantôt chaque locataire balaie son étage.

*23. — Quelles sont les réparations auxquelles l'usage attribue le caractère de réparations locatives? ( Art. 1774 du C. N.)*

On se réfère généralement à cet égard aux dispositions du Code Napoléon.

*24. — Sur qui pèsent, soit dans les baux ruraux soit dans les autres, l'impôt foncier et l'impôt des portes et fenêtres?*

L'impôt foncier est payé en totalité par le propriétaire, excepté à Saint-Genis-Laval où dans les baux ruraux le preneur en paie la moitié.

L'impôt des portes et fenêtres est payé par le locataire, excepté à Monsols et à Mornant où il l'est par le propriétaire.

*25. — Comment est-il d'usage de constater l'état du domaine ou de la maison à l'entrée et à la sortie du fermier et du locataire?*

Par un état de lieux qui est dressé volontairement par les parties, sinon par un notaire dans les cantons de Monsols et Thizy, et par un ou plusieurs experts dans les autres cantons.

*26. — Quels sont les usages relatifs à l'ordre des assolements?*

Dans la plupart des cantons il n'existe pas un ordre régulier d'assolement ; quand il existe il est ordinairement biennal.

*27. — Le droit colonique, c'est-à-dire le droit appartenant au fermier, au granger ou au vigneron, de recueillir après l'expiration du bail la récolte qu'ils ont mise en terre pendant sa durée, s'étend-il à toute espèce de récoltes?*

Le droit colonique ne s'applique en général qu'aux récoltes de froment ou de seigle. Il ne s'applique jamais à celles qui viennent sur retroublage, pas même à celles qui succéderaient immédiatement à une vigne arrachée.

Toutefois, ces restrictions paraissent n'être pas admises dans les cantons de l'Arbresle, du Bois-d'Oingt et de Mornant, où le droit colonique s'étendrait à toutes les récoltes.

**28.** — *Quelles sont les obligations principales imposées par l'usage au fermier, granger ou vigneron sortant ?*

En général on se réfère à cet égard aux articles 1777 et 1778 du C. N. et aux dispositions de la Coutume de Paris qui régissait les contrées formant aujourd'hui le département du Rhône.

Le principe fondamental admis par l'usage en cette matière est que le cultivateur doit rendre l'immeuble dans l'état où il l'a reçu.

Il doit continuer à suivre l'ordre établi dans le domaine pour la tonte des arbres et des haies ; il doit y laisser les fourrages, pailles et engrais : cette règle est surtout sévèrement appliquée dans les cantons de Villefranche, Beaujeu, Belleville, l'Arbresle et le Bois-d'Oingt, où le cultivateur sortant doit engranger toutes les premières coupes de foin, de trèfle ou de luzerne, et ne toucher pour la nourriture de ses bestiaux qu'aux secondes coupes, à moins de nécessités contraires bien démontrées.

**29.** — *A qui appartiennent pendant le cours du bail les arbres morts, la tonte des arbres vifs et des haies, les sarments et les ceps ?*

Les arbres morts appartiennent au propriétaire, la tonte des arbres vifs et des haies au fermier, granger ou vigneron.

Les ceps et les sarments appartiennent au vigneron dans les cantons de :

Condrieu,

Givors,

La Mure,

Neuville,

Et Thizy.

Ils se partagent dans les cantons de :

Saint-Genis-Laval,

Anse,

Limonest,

Et Villefranche.

Les ceps se partagent, et les sarments appartiennent au vigneron dans les autres cantons vignobles du département.

*30. — L'usage attribue-t-il au fermier, granger ou vigneron, le droit de couper dans les bois ou sur les arbres du domaine le bois nécessaire à la fabrication ou à la réparation des instruments d'agriculture ?*

Ce droit n'est accordé par l'usage que dans les cantons de Condrieu, Saint-Genis-Laval et la Guillotière.

*31. — Quels sont, dans les diverses espèces de baux, les usages relatifs aux cheptels ?*

Dans les baux à vigneronnage le propriétaire et le cultivateur fournissent le cheptel par moitié : les pertes et profits se partagent.

Dans les autres baux on se conforme le plus ordinairement aux articles 821 et suivants du C. N.

*32. — A la charge de qui sont les semences ?*

Dans plusieurs parties du département les semences sont fournies par le cultivateur qui les reprend au moment de la récolte ; dans d'autres parties c'est le propriétaire qui fait cette avance et qui la récupère de la même manière.

Il arrive aussi souvent dans les baux à grangeage que les semences sont fournies par moitié.

**33.** — *Par qui doit être supporté le paiement des pailles, fourrages, engrais, plants et échalas achetés pour le service du domaine ?*

Les pailles, fourrages et engrais, s'achètent de moitié.

Les plants de vigne sont généralement payés par le propriétaire.

Les échalas sont fournis par le propriétaire dans les cantons de :

Saint-Laurent-de-Chamousset,

Lamure,

Limonest,

Beaujeu,

Bois-d'Oingt,

Tarare,

Et Neuville.

Ils s'achètent de moitié dans les autres cantons vignobles.

**34.** — *Par qui sont fournis les outils nécessaires aux travaux d'agriculture, et particulièrement les cuves, gerles et bennes employées à la vendange ?*

Les outils nécessaires aux travaux agricoles sont en général fournis par le cultivateur.

Les cuves et pressoirs sont toujours fournis par le propriétaire.

Les bennes sont presque partout fournies et entretenues par le vigneron.

*35. — Aux frais de qui s'opère le transport des récoltes, no-
tamment des récoltes de vin?*

Aux frais des fermiers, vignerons et grangiers.

*36. — Les fermiers, grangiers ou vignerons sont-ils tenus du
transport des matériaux nécessaires aux réparations des
bâtiments qu'ils occupent?*

Oui, dans tous les cantons du département, excepté dans ceux
de l'Arbresle, Anse, Lamure, Neuville, la Guillotière et Villeurbanne.

*37. — Aux frais de qui sont arrachées les vignes hors de ser-
vice, et qui est chargé de défoncer le terrain destiné à la
plantation des nouvelles?*

Dans les cantons d'Anse, de Limonest, de Villefranche, du Bois-
d'Oingt et de Mornant, ce double travail est à la charge du vigneron.

Il est à la charge du propriétaire dans les cantons de Neuville
et Condrieu.

Il se fait à frais communs dans le canton de Saint-Genis-Laval.

Dans les autres cantons vignobles les ceps sont arrachés aux
frais du vigneron, et le terrain des nouvelles plantations est défoncé
aux frais du propriétaire.

*38. — Outre la moitié de tous les fruits, le grangier et le vi-
gneron ne doivent-ils pas au propriétaire certaines prestations?*

Le grangier et le vigneron paient une prestation en nature con-
sistant ordinairement en une certaine quantité de beurre, œufs,

fromages, poulets, etc., et une prestation en argent dont la quotité varie à l'infini, mais qui souvent représente à peu près l'impôt foncier.

Toutefois, l'usage de ces prestations n'existe pas dans les cantons de Givors, Lamure, Neuville, la Guillotière et Villeurbanne.

## § XII.

### DES DOMESTIQUES ATTACHÉS A LA PERSONNE ; DE CEUX ATTACHÉS A L'AGRICULTURE ; DES OUVRIERS.

*39. — Les domestiques engagés à la personne sont-ils engagés pour un temps fixe ou pour un temps indéterminé ?*

Les domestiques attachés à la personne sont généralement engagés pour un temps indéterminé ; cependant ils sont présumés être engagés pour un an dans certains cantons ruraux, notamment au Bois-d'Oingt, à Anse, à Saint-Laurent-de-Chamousset.

*40. — Chaque partie est-elle toujours libre de rompre le contrat à son gré et sans indemnité ?*

Chaque partie est toujours maîtresse de rompre le contrat sans indemnité , à la seule condition de prévenir l'autre un certain nombre de jours d'avance.

Ce délai est de quinze jours à Beaujeu, Belleville et Mornant.

Il est de huit jours dans les autres cantons du département.

Cependant cet usage est contesté dans les cantons de Lamure, Thizy et Saint-Laurent-de-Chamousset.

*41. — Pour quelle durée de temps les domestiques attachés à l'agriculture ont-ils l'habitude de louer leurs services ?*

C'est ordinairement pour une année. Il y a pourtant des exceptions : ainsi les maîtres-valets, jardiniers, concierges, sont le plus souvent loués pour un temps indéterminé ; ainsi les bergers et bergères ne sont pas loués habituellement pour la saison d'hiver.

*42. — A quelle époque commence le temps de louage des domestiques agricoles?*

Il commence le 24 juin, le 25 décembre ou le 11 novembre dans les cantons de :
Belleville,
Anse,
Bois-d'Oingt,
Villefranche,
L'Arbresle,
Tarare,
Et Beaujeu.
Le 25 décembre dans les cantons de :
Condrieu,
Givors,
Saint-Laurent-de-Chamousset,
Et Saint-Symphorien.
Le 11 novembre dans les cantons de :
Saint-Genis-Laval,
Limonest,
Neuville.
Le 24 juin dans les cantons de :
Lamure,
Thizy,
Et Villeurbanne.
Le 26 décembre dans les cantons de Mornant.
Le 2 février ou le 1ᵉʳ mai dans le canton de Monsols.

Le 11 novembre ou le 1<sup>er</sup> mai dans le canton de la Guillotière.

*43. — Si l'une des parties rompt sans motifs légitimes le contrat de louage, une indemnité est-elle due, et sur quelle base se calcule cette indemnité?*

Une indemnité est due par celle des parties qui rompt le contrat sans motifs légitimes. Cette indemnité varie de quotité suivant les circonstances, notamment suivant le temps qui restait à courir, suivant l'importance du gage et surtout suivant l'époque de l'année où la rupture est survenue.

*44. — Les ouvriers à la journée, à la semaine ou au mois, peuvent-ils être renvoyés par le maître à la fin de la journée, de la semaine ou du mois, sans que le maître soit tenu de les prévenir d'avance?*

Oui.

*45. — Par qui sont fournis les outils employés par cette classe d'ouvriers et sur qui pèse la charge de leur entretien?*

Le soin de les fournir et de les entretenir est à la charge de l'ouvrier, excepté à Villeurbanne, à la Guillotière, à Givors, à Neuville, à Villefranche et dans le sixième canton de Lyon où cette charge incombe au maître.

*46. — L'usage de recevoir en paiement des affanures subsiste-t-il encore pour les ouvriers employés à moissonner et à battre le blé? En quoi les affanures consistent-elles?*

L'usage des affanures se restreint d'année en année et tend à disparaître. Les cantons où il subsiste encore sont ceux de :

Villeurbanne, où le prélèvement varie suivant les communes de la dixième à la douzième gerbe ;

La Guillotière où il est de la douzième ;

Neuville où il est de la dixième ;

Villefranche où il est de la dixième ou de la onzième ;

Tarare où il est de la onzième ;

Limonest où il est de la douzième ;

Condrieu où il est de la douzième ;

Belleville, Anse et l'Arbresle où il est de la onzième.

Les pailles provenant des affanures restent toujours au domaine.

*Fait et arrêté en commission, à Lyon, le 7 juin 1856;*

Les membres de la Commission centrale,

*Signé :* **FLEURY-DURIEN**, président.

( Suivent les autres signatures.)

Pour copie conforme :

*Le Secrétaire général du département pour l'administration,*

Signé : **PELVEY**, O ✳

# TABLE DES MATIÈRES.

Troyes, typographie Brunard, successeur de Cardon.